Notre présomption d'innocence

poème / fable

Catalogage avant publication de BAnQ et de BAC

Blais, Mathieu
Notre présomption d'innocence. Poèmes
ISBN 978-2-89031-964-6 ISBN ePub 978-2-89031-966-0 I. Titre
PS8603.L328N67 2014 C841'.6 C2014-941019-0 PS9603.L328N67 2014

Nous remercions le Conseil des arts du Canada ainsi que la Société de développement des entreprises culturelles du Québec de l'aide apportée à notre programme de publication. Nous reconnaissons également l'aide financière du gouvernement du Canada, par l'entremise du Fonds du livre du Canada, pour nos activités d'édition.
Gouvernement du Québec – Programme de crédit d'impôt pour l'édition de livres – Gestion SODEC.

Illustration de la couverture : Jean-Jacques Grandville (1803-1847), *Le loup et le chien*
Illustrations à l'intérieur : Myrianne D. Giguère, gravures à l'eau-forte sur papier (*Le soldat à la tête trouée*, 2013 ; *L'inconnue à trois jambes*, 2012 ; *Entre chien et loup*, 2012)
Maquette de la couverture : Raymond Martin

Distribution :

Dimedia (Canada)
539, boul. Lebeau
Montréal (QC)
H4N 1S2
Tél. : 514 336-3941
Téléc. : 514 331-3916
general@dimedia.qc.ca

Distribution du Nouveau Monde (Europe francophone)
30, rue Gay Lussac
F-75005 Paris
France
Tél. : 01 43 54 50 24
Téléc. : 01 43 54 39 15
www.librairieduquebec.fr

Dépôt légal : BAnQ et BAC, 3e trimestre 2014
Imprimé au Canada

2200, rue Marie-Anne Est
Montréal (Québec) H2H 1N1, Canada
Téléphone : 514 597-1666
Courriel : triptyque@editiontriptyque.com
Site Internet : www.triptyque.qc.ca

Mathieu Blais

Notre présomption d'innocence

poème / fable

Triptyque

Du même auteur :

L'esprit du temps (M. Blais et J. Casséus), roman, Leméac, 2013.
Sylvestre au temps des galimatias, poésie, Éditions Triptyque, 2012.
Los hermanos mes frères, poésie, Éditions Trois-Pistoles, 2011.
ZIPPO (M. Blais et J. Casséus), roman, Leméac, 2010.
L'isthme, poésie, Éditions Trois-Pistoles, 2006.
Que le cri détaché de ta colère, poésie, Éditions Trois-Pistoles, 2005.

À Félix

Le Loup et le Chien

Un Loup n'avait que les os et la peau,
Tant les chiens faisaient bonne garde.
Ce Loup rencontre un Dogue aussi puissant que beau,
Gras, poli, qui s'était fourvoyé par mégarde.
L'attaquer, le mettre en quartiers,
Sire Loup l'eût fait volontiers;
Mais il fallait livrer bataille,
Et le Mâtin était de taille
À se défendre hardiment.
Le Loup donc l'aborde humblement,
Entre en propos, et lui fait compliment
Sur son embonpoint, qu'il admire.
« Il ne tiendra qu'à vous beau sire,
D'être aussi gras que moi, lui repartit le Chien.
Quittez les bois, vous ferez bien :
Vos pareils y sont misérables,
Cancres, hères, et pauvres diables,
Dont la condition est de mourir de faim.
Car quoi ? rien d'assuré : point de franche lippée :
Tout à la pointe de l'épée.

Suivez-moi : vous aurez un bien meilleur destin. »
Le Loup reprit : « Que me faudra-t-il faire ?
— Presque rien, dit le Chien, donner la chasse aux gens
Portant bâtons, et mendiants ;
Flatter ceux du logis, à son Maître complaire :
Moyennant quoi votre salaire
Sera force reliefs de toutes les façons :
Os de poulets, os de pigeons,
Sans parler de mainte caresse. »
Le Loup déjà se forge une félicité
Qui le fait pleurer de tendresse.
Chemin faisant, il vit le col du Chien pelé.
« Qu'est-ce là ? lui dit-il. — Rien. — Quoi ? Rien ? — Peu de chose.
— Mais encor ? — Le collier dont je suis attaché
De ce que vous voyez est peut-être la cause.
— Attaché ? dit le Loup : vous ne courez donc pas
Où vous voulez ? — Pas toujours ; mais qu'importe ?
— Il importe si bien, que de tous vos repas
Je ne veux en aucune sorte,
Et ne voudrais pas même à ce prix un trésor. »
Cela dit, maître Loup s'enfuit, et court encor.

Jean de La Fontaine

Je n'oublierai jamais d'avoir vu beaucoup pleurer une petite fille qu'on avait désolée avec cette fable, tout en lui prêchant toujours la docilité. On eut peine à savoir la cause de ses pleurs, on la sut enfin. La pauvre enfant s'ennuyait d'être à la chaîne : elle se sentait le cou pelé ; elle pleurait de n'être pas loup.

Jean-Jacques Rousseau

Les chiens domestiques

Empreintes de pattes et briques d'argile / pierres de taille et escaliers de fer rouillé / anciennes réclames murales / invisibles sous le poids des ondes / sur leur cellulaire / des bulles électroniques / de la lumière /
regarde
écoute
mange
chie
gicle
bande
jouit
souffre /
obéit / attend /
le sacre du satellite / la déchirure et le bruit blanc : / Montréal coule en flammes au milieu du Saint-Laurent

~

Les abandons successifs / la peur des pinces et des ciseaux / les carences / tout y concourt / il n'y a plus de surprise

~

Le mot « domestiqué » au Tropicana Laundromat® vibre dans les machines / ça tache ça suinte / résonance mate / ça se déverse dans l'inconscience ambiante / ça se réchauffe / battu / cassé / derrière l'écran du monde sous le verre polarisé / sous les néons des peep-shows / le royaume de chasse des douchebags / les attaques en bande y sont communes / dans l'attente du dernier métro / et les proies de la banlieue crient sans arrêt en serrant les cuisses

~

Cette crispation / dans l'affirmation de vouloir se retrouver avec les autres / c'est l'étrange étrangeté / la sérialité des ego

~

Les chiens ont pourtant la vie tendre avant la prière du samedi / à se faire sucer par les grandes marques / la tête entre les cuisses des immeubles / couverts de paillettes dorées /

ventre
jambes

poitrine
vagin /
autant d'écartèlements publicitaires / sur chacun des wagons du métro / car les chiens ont la dent longue avant la prière du samedi / une envie de poulet portugais / de chardonnay de fruits frais / et ça se braque en file en s'hold-upant soi-même

~

La dépossession / dans l'assouvissement substitutif élevé en système / condamne ultimement à la gageure de vivre

~

L'odeur de l'herbe coupée et le gazole du John Deere® / dans le cimetière / le jus de corps se mêle à la nappe phréatique /
fluides d'embaumement
biocides
formaldéhyde
éthanol /
la ville a des assurances / le particulier a des assurances / près de la mosquée on vend des sfenjs au goût de miel / des chaussons aux dattes et des zlabias / pour faire passer la douleur au ventre / les goitres et les cancers de la langue / les loups regardent le haut de la montagne / les maisons victoriennes le cimetière / ils se concentrent sur la pente descendante

~

Les amours chafouines ont cessé / le voisin le collègue la famille tous ceux de l'évidence obligée / il en reste les fractales / les réunions artificielles

~

Le mot «besoin» se fait sécher l'encre / dans le soleil du matin / les affiches-arts s'élèvent près du pont Jacques-Cartier / mantras publicitaires / psaumes de la nécessité ou mourez! / un radiotélégraphe de 1903 a été retrouvé sur des proto-ondes de l'ère Marconi: / il n'y a plus de fil / les salles de gym se multiplient / le combat est à heure fixe /

sucre
gras
tabac
dents jaunes
bandaison molle /
vieillissement des vergetures /

la menace est partout / et la mesure de la vacuité appelle les arpenteurs rois / l'offre est sans précédent / les rabais sans fin / méfiez-vous des équivalences

~

La rumeur vient de loin / et Lipovetsky redécouvre son cerveau mammalien: / le malaise de l'hypermodernité / le désert du Dix30® / son accessoire raffinement

~

Sous la constellation des noms du désintéressement / au coin des rues Papineau et Gilford-Guibord / l'histoire dort par terre / dans un site d'injections supervisées / sa reconnaissance a des allures de triomphe / des relents de club de danseuses / sans le mascara ni les black lights / au coin de De Lorimier et du capitaliste Holt / lui aussi chevalier / le coefficient est nul le résultat identique / un hoquet de contrefoutre / une envie de chier / les yeux des chiens suivent l'enseigne connue /

McDonald's®
Wendy's®
PFK® /
La Belle Province®

~

L'excentration du beau de la morale / Google Maps® pour pister les déplacements du sacré / la relativisation du décentrement / se guider aux espaces vacants / espérer exister

~

Au pourrissement civilisation / l'enfoncement / le triomphe des modern fuckers / l'introduction mantra mécanique / possibilité dépolie du saisissement / sous le divertissement spéculatif / encadré par le latex des femmes-objets de la F1 / les films américains en overdose / dans la parodie permanente du néant

membres
sexes
bouches
pieds fétichisés /

c'est l'atteinte de l'idéal nullifiant / le fantasme de gestionnaires indignés / l'avenir rentable à rabais : / la culture célébrée chez Christie's® et Sotheby's®

~

Subitement / avec la réingénierie des possibles / il n'y a ni poème ni LSD suffisamment purs / sur le crystal meth des gestionnaires les murs conservent leur opacité

~

Le mot « sécurité » sur les écrans cathodiques du St James® / l'extérieur aspergé / les gaz SPCVM® / urine de ruelle dans l'éclat des gyrophares / la lame tournevis du détenu carcéral n'entaille pas le visage de 728 / il y a des barreaux dans chaque regard / pour reprendre la fuite où elle commence / dans la peur animale / sous le craquement des bombes assourdissantes / près des maîtres / alors l'appel / et le placement dans la file / de Beijing à Montréal / les camions de l'exil portent le logo de la Brink's® / (encore une fois)

~

Les pulsions de millions de moi tout-puissants / nababs endettés et sans entraves / parce que libérés par la foi / (quelle qu'elle soit)

~

Les chiens reniflent / et les pare-chocs des chars neufs roulant sur l'autoroute Ville-Marie / scintillent / l'essence de l'Alberta le gaz de schiste en vente libre et la chaleur des banlieues / en îlots d'abatis à condos / les chiens montent la garde / rêvent à des lendemains masturbés / des traversées de centres commerciaux en solde / l'aboutissement culturel Ikea / vert équitable et exploitant / élevés par des Sri-Lankaises nécromanciennes qui n'existent pas / dans leur demi-sous-sol de Parc-Extension / triomphantes dans leur équilibre / elles ne tombent pas / regarde bien / les pulsions de la satisfaction sans limitation / comme placebo à la liberté / en échange de la moulée / tout se tient et se maintient / le rêve le fantasme la névrose / tout se traite par la macroéconomie

~

Centrés sur leur nombril / la circonférence de leur cul de leur queue / c'est leur perte qui relancera tout

~

Le mot « hygiène » dans le pool-room de la rue Sanguinet n'a aucune résonance / pas de clitoris marketing ni client-roi / aucun consommateur à nourrir remplir vêtir bourrer / personne en fuite un doigt dans l'anus / ici / la saveur de la perte se dissout dans la bière / parfois la ligne du métro s'impose / et quand le wagon passe sur le corps guenille qui s'est jeté dessous / la douleur de l'éclatement s'exprime sans concession / et l'art se rend à la raison : / les peuples concierges se reconnaissent dans la propreté / et quand les chiens jappent une langue de poche / intérieure et internationale / des rames de la station Berri au pool-room de la rue Sanguinet / les loups l'entendent claquer au-dessus de leur tête

~

Les chiens ont été les premiers / et c'est l'amour du genre humain qui les a fait continuer / le dressage s'est épuré / et les voici désormais / autodomestiqués / confiant en leur bonheur

~

Le mot « colonisé » / le mot « nègre » / le mot « québécois » / claquent les murs trébuchent dans la cage d'escalier / il ne restera que des fleurs de plastique pour tout amortir / la torpeur /

made in China
made in Bangladesh
made in Korea
made in Misèristan /
made sur des plus nègres sur des plus loups /

made las d'espérer vomir / au salon de quilles de la rue Crescent / les grosses tombent au ralenti / il n'y aura pas de révolution avant demain / un soleil de smog rougeoyant / des matins pluvieux / et une chanson d'été / *we are civilised* / *we are* / *civilised* / en boucle à la radio / un triomphe inoxydable / un nouveau hit

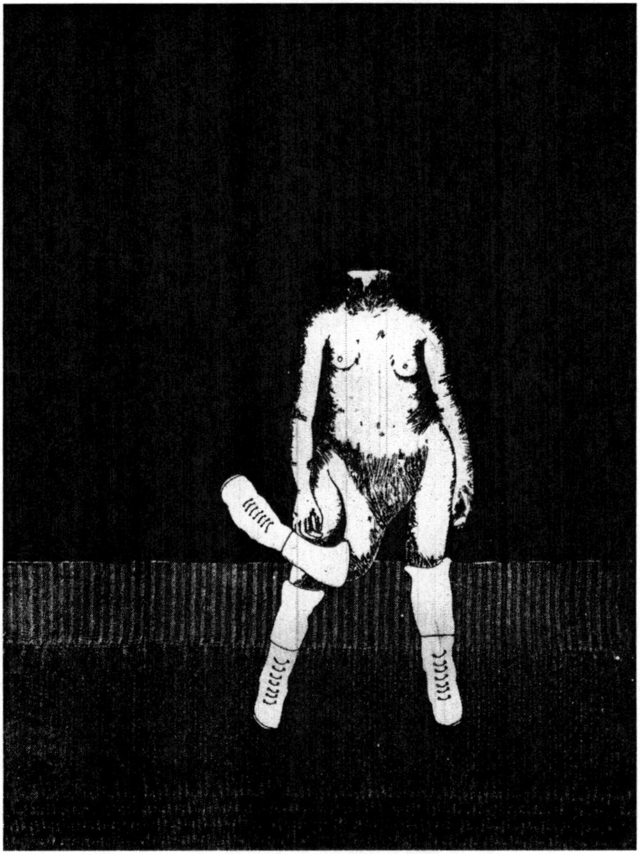

Petitabeille

Le Greyhound® bus s'éloigne de ton champ de vision / et la première vague casse sur l'île / naufragée des routes de banlieue / les lignes droites asphaltées sur le respirateur artificiel / t'arrives enfin / les collants troués / du Marjo craché dans les écouteurs / quelque part / on annonce l'heure des départs / des arrivées / en clarté de fin de jour / le bling-bling de la gare Centrale / il y a toi / et eux scintillants de ville Amérique / de ville vie hurlée Amérique / dans chaque pouce carré de désir / étirée sous le chaperon rouge / l'ambition agace-pissette / un aller simple / 2,50 $ dans les poches

~

C'est l'éveil / une force vive / en friche / c'est toi / et c'est le contraire de toi / dans la butée de tes actes / c'est Thanatos célébré au snack-bar rue Ontario

~

Tu n'es pas d'ici a dit la waitress / elle voulait dire t'es un jouet / elle voulait dire / t'es déjà disparue / j'ai vu neiger / la jupe trop courte les jambes trop longues / le backpack / le coup d'œil qui cherche à croire / ouatche-moi ben tabarnak / c'est ce qu'elle voulait dire / là entre les seins / en plein milieu du corps / les bads trips sont pas pour les autres / les loups se mangent rarement entre eux / mais il n'y a pas pire que les chiens pour te faire accroire le contraire / la droiture le chemin / la propreté théorique / le bréviaire du baise-la-piastre / mais elle n'a rien dit / rien pantoute / son regard a suffi / le café goûtait l'eau de vaisselle

~

Le combat est éternel et tu retiens ton souffle / tu deviens rouge / cramoisie / bleue / le port d'attache / et la dynamite dans ta main / c'est la déliaison de ce qui était

~

Tu n'es pas d'ici / et tu t'exprimes pourtant avec la même langue fêlée / tu tètes ton coke manges ta patate / tu reconnais les visages / la descente commence / à la première pinte la première terrasse / au premier contact / tu n'es pas d'ici / c'est sur le radar / ils sentent ça tout de suite / la chair fraîche / le miel du cul / ils rêvent de fraises et de lait / soupèsent le partage de la chatte / projettent le débitage nécessaire / et si elle criait / et si elle sortait un jack-knife / et si elle avait des couilles / mais ça n'arrive presque jamais jappe le barman / presque jamais / mais elle pue le parfum cheap / et la noirceur se referme sur elle comme une huître

~

Tu as refusé le conformisme / il n'y a pas d'issue ailleurs / de la musique des mains des doigts et des exigences / ton renoncement aux restrictions gonfle comme un muscle

~

La nuit beat / la nuit crescendo ecstasy qui n'en finit pas / la nuit sur la braise où rien ne s'assèche vraiment / entre chiens et loups les queues se frottent / partout / ça sent fort les babines / les poils s'engluent / tout est humide animal / en quête de préliminaires baignés de bière et d'alcool / chauffés par les stroboscopes / on se dit que ça n'arrivera pas / puis on se laisse dégriffer / on se laisse prendre en miaulant / dans les toilettes / les portes ne ferment pas / les cellulaires refont des bulles / on en perd encore un peu plus / et tout part en coup de fusil

~

C'est Ça / Ça Ça Ça et rien que Ça / et c'est au-delà de Ça aussi / le plaisir dans le goût âcre d'une pipe à crack du sang / et du sperme contaminé / c'est encore Ça

~

Les cicatrices portées sur les tatouages au fer rouge / cachent le cœur défoncé / emmailloté pour survivre / dans le barbelé le gin du grand-père / c'est la mémoire de soi dans la dérape / tu as l'âge de faire ce que tu fais / quatorze seize vingt ans / les cuisses s'entrouvrent en ruisselant d'insolence / tu as la ville île en illusion / un terrain de jeu débraillé / la première nuit passée dehors pourtant / avec les claquedents les loups / les ceux celles qui ne te voient même pas / ne s'oublient pas / elle se traîne en laisse derrière soi / elle odeur le rut et le vin cheap

~

L'Apple réalité® / par tes yeux retournés / coule à l'intérieur de toi / une voix sourde recompose une nouvelle morale / sur les tables tournantes de la loi

~

Derrière / ce sont les eaux grasses le confort / de l'autre côté / des ponts l'inertie / c'est le mouroir des arrêtés / dans la rue Sainte les fidèles sont nombreux / l'appel sans fin sans jour sans arrêt sans commune mesure sans restriction sans rien / l'appel annonce l'offre / les magasins pacotilles de la rue Sainte / les poudrées de la *Main* lancées comme des missiles / les lèvres brillantes dans les isoloirs / les oreilles chromées / c'est la lobotomisation par le plaisir / tous toutes ébarrouis / c'est le gloss du milieu / c'est le bien le mal / c'est entre les deux / l'indifférenciation / parce que tout tourne et se graisse de soi / et que la pompe à cash crisse fort / tu es là maintenant / entre eux

~

L'abandon dans la satisfaction égoïste / éclaté par les craintes de vomir / et les cadavres de chérubins s'entassent dans les conteneurs de l'Écocentre

~

Il fait froid faim il fait / foul ball / talon cassé / il fait / -30° / ou 40° à l'ombre des cuisines d'un bouiboui mexicain / il fait métro en panne / ou vélo volé station Radisson / fait bruits de pas / traversée du monde insignifiant / entre la Montagne et l'est de l'île / parfois ça marche / certains s'attardent / jettent une poignée de cennes noires / offrent une cigarette / alors ça continue / ça fait foul ball et terre de béton / ça fait du câlice / la mauvaise idée des parcomètres à pauvres pour remplacer les vrais pauvres / ceux qui puent et tendent la main / ceux qui envoient chier les chiens racés / ceux qui battent cœur à tout rompre / la misère dans ce cas / en vieille mâchure de gomme sur l'asphalte

~

Et maintenant la charogne dans tes réflexes / avant de jeter chaîne et licou / il y a ce regard posé sur toi / culpabilisant

~

Tu n'arrêtes pas de les voir et de les revoir / loups et chiens qui se tirent la langue et tu traverses tout / les cœurs les centres commerciaux / un laser / une grenade assourdissante / et tu te maquilles le masque / maigre comme un cure-dent / les bottes de slut le coat de jeans / la Craven A Special Mild 100s® au coin des lèvres / tu prendras peut-être des choses inutiles mais / elles brilleront / un fromage un épluche-patate un soutien-gorge trop petit / la revue *7 jours®* / ça ne vaudra pas la peine mais ça t'appartiendra / dans l'île ville la trickster ne vole pas / elle emprunte sa vie à la pointe du couteau / un quasar au fond des yeux

~

Le Beau a revêtu ses hardes / c'est l'imposition de l'alternative du contre-tout / la désangoisse par les bouches d'égout / le métro aux heures de pointe

~

Puis tout recommence / le drink tu ne le paies pas / le prix sera fixé plus tard dans la chambre / avec de la chance tu pourras te réchauffer / prendre une douche / boire sur le bras / avec de la chance il sera clean / et prendra une douche / avant / tu te dis que tu te ferais à ses grands yeux de chien à sa silhouette ventrue / à te promener en taxi / d'un client à l'autre / tu serais pimp tu serais madame / tu serais grande chienne de la *Main* / t'es arrivée hier et tu les détestes tous / tu rêves d'être leur boss / clean ou pas maganée ou pas / ce soir / l'attente logera à la hauteur des drinks offerts / les rêves débités en petits shooters / flambés pour la galerie

~

Et tu ne pourras t'empêcher de penser / la ressemblance / les yeux ou les mains du père / c'est son sexe qui se frottera entre tes dents / le même que tu finiras par vider / avant de rêver de le couper

~

« Liberté » / les lettres sont tatouées sur le haut de ton sein droit / tu ne connais pas la poésie / les cours de piano sont loin / au squat Overdale tu ne dormais que par en dedans / l'extérieur se bardait d'aiguilles et tout le corps roulait en boule / puis dans le squat Préfontaine ça grouillait de monde / les mots durs comme du mastic / les mots tonne de briques de mots gris de liberté communiste / ça fait combien de temps déjà / la prière hebdomadaire de l'anarchiste / dans la ville île / parce que le malaise était bien accroché / dans le squat de la rue Sans-nom / quand tu y as fait ton tour / tu regrettes quasiment ton matelas l'eau chaude / la blancheur de la cuisine / le frigo plein / aujourd'hui / quand tu regrettes quasiment d'avoir un nom

~

Parce que c'est dans l'action / davantage que dans le lit sous les lumières rouges / davantage que dans ta bouche / entre tes seins tes fesses tes lèvres / que tu exerces ta volonté

~

Des couples heureux dans les parcs / des relents de printemps / les hobos se mordent l'épaule dorment avec leurs bêtes / pour se réchauffer / quand le froid n'épargne personne / les caresses font passer les mottons / cimentent tout / au bunker du corps pour blinder les cœurs / bargainer son bonheur / alors il faut bouger / marcher se déplacer / casher ses espoirs / s'entourer de couples heureux dans les parcs / faire sa niche dans le mouvement / la chance / dans le mot « itinérance » au fracas de la ville / les mains dans les poches / une interdiction de flâner/ pour voir plus loin le monde

~

C'est la mise à mort de tes rêves / un à un / alignés contre le béton armé des ruelles / et la destruction se fait au rythme du tsifteteli grec / ta résistance anatomique / c'est l'électron libre / ta vulve kamikaze

~

Le troc du cul / une pizza à une piastre un café à l'eau de vaisselle / une branlette sous la table d'un Second Cup® de quartier / un vieux juif hassidique dans le matin de la nuit / le cerveau à off / t'as encore le nombril vert radote l'Arménien qui vend des fleurs / il fait froid à toujours se tenir près des portes / dans les courants d'air les idées meurent / mais il s'exprime à vide / de l'autre côté de la vitre ça scintille / ça scintille parce que c'est beau / c'est civilisé éduqué / ça miroite breloques de chez Sears® / cossins petits-bourgeois de chez La Baie® / inaccessibles inutiles / derrière les portes les Garda derrière les systèmes antivol / derrière le prix / le mythe commercial / c'est sous la vitrine du grand magasin que tu t'installes / le jour on te tolère / la nuit on te cherche

~

La louve hurle / appelle ses semblables / cherche ses fils filles / son engeance / mais tu ne sais pas comment faire / ton cri t'étouffe

~

Au fond de la faim le froid et plus dur que tout / plus coupant / la fatigue / celle qui alourdit / les étoiles ne descendent pas / malgré tes demandes à genoux dans les ruelles / il continue de pleuvoir de la suie de la merde / les feux de circulation fondent / la fatigue encrasse et ça grince et ça couine et ça se met à monologuer parfois / hors de toi / des voix malades tellement nombreuses tellement tout à l'envers / que tu te dis que c'est toi / que ça y est /

la faim
le froid
l'obscurité
la fatigue /
ce n'est rien / il reste la santé /

les mille feux d'un hiver sans pain sans levain / la rage calorifère / à parler toute seule en se mordant le front

~

Le DSM-V donne les noms / tes bêtes-voix ont une authenticité ancienne / des experts des savants / des hommes aux sourcils broussailleux / ont déjà entendu tes monstres-cris

~

Tu ne t'arrêteras pas / tu préfères les vieilles histoires / commandos bouffes au Reine Elizabeth® et Molotov / sac de briques sur les rames du métro et pont bloqué / pepper spray à la Bourse / même s'ils ne sont pas inquiets / tu préfères les histoires aux murs turquoise de leurs hôpitaux / les chiens vivent au-dessus de la mêlée pas loin des nuages / ils s'échappent de la mousse au chocolat dessus perdent leur valise dans un transit / oublient de rapporter leur film / leur paix tient dans leur contrôle du quotidien / et l'ordre se maintient / la machine ne s'arrête pas / le bruit autour les images à la télé / ça ne les effraie pas / que tu crèves anonyme / la gueule sur le trottoir / ça ne les regarde pas / ils donneront à Centraide® cette année / et le déductible d'impôt sera réclamé

~

Le langage est miné / la lutte à la pauvreté n'est pas ce qu'elle est / c'est une guerre d'extermination / la raison du plus fort y est toujours la meilleure / et les technocrates célèbrent le bon ordre Chez Parée®

~

Il n'y a plus personne place Émilie-Gamelin / plus personne place du Peuple square Victoria / plus personne qui soulève quoi que ce soit / le zeitgeist a une sale gueule / de la rue / tout a un autre parfum / les chiens occupés désertent / les loups ramassent les miettes / entre eux la fatigue et des ombres qui se tirent à vue / tu tousses le sang froid qui te reste / ça fait tache / t'as perdu quatre trente sous dans le téléphone public / ta mère pleurait / ton père a raccroché / tu les as envoyés chier et ils te regrettent / aujourd'hui / t'as des babines de jeune louve / des crocs encore blancs / et il n'y plus personne dans les manifs de nuit

~

Dans leurs alentours / les chiens sont des chiens et les loups des loups / la domestication endort le réflexe

~

À la Maison du Père il n'y a pas de femmes / ça sent l'homme le chien le loup de Gubbio / et ça suppose retraverser l'arrondissement / faut des centres spécialisés dédiés / il t'a accompagné jusqu'à l'Auberge Madeleine / il se nomme Vendredi habite l'île depuis toujours / Petitabeille c'est comme ça qu'il te surnomme / il aurait pu t'appeler autrement / tu as plusieurs noms / mais Petitabeille / quand les refuges étouffent / ça claque correctement dans sa gueule /

c'est compact
c'est peuplé
c'est bruyant
ça honte /

après le trottoir la rue / comme un élastique planté dans le dos / les squats et les refuges / l'échange du corps escompte / le fix de 4 heures /

l'étourdissement / bientôt on ne t'acceptera plus tu le sais / ton crédit repose sur la descente / mais quelques heures suffiront

~

Beefeater® Bombay® Sapphire® Gordon's® Tanqueray® De Kuyper® / la descente du dry gin / avec le braillage / la déconstruction / les pièces détachées

~

Au fond y'a pas pire que les voix qui sortent de toi / ça crie par en dedans des crisses de câlice / des mains des doigts dans toutes les fentes / des tabarnaks de viarge / tu craques le cœur tellement il est gelé / et les jours sombrent / dans leurs niches les chiens grognent maintenant / reniflent le sang des autres / de nouveaux arrivages à la gare Centrale / de la viande / tous les soirs l'obsolescence du milieu marquée du X des bêtes / le servage du loup contre celui du chien / l'abattoir pour tous / sans discrimination

~

Il ne reste que le cri détaché de ta colère / accotée contre la machine à sous / entre les jambes d'un passant / au poste de quartier 27 / vivre et survivre / attendre le déclic

~

Plus tard il reviendra plus tard / il t'emmènera / il te l'a dit / à l'Auberge Madeleine on t'a fait remarquer que tu ne peux pas / ce n'est pas comme ça et patati et patata / une auberge ce n'est pas un motel / ni une chambre de passe / ce n'est même pas une auberge / Vendredi t'a attrapée par le bras / il t'emmènera / il te l'a dit / il squatte seul les monuments de Ville-Marie / Vendredi / le loup Vendredi / il habite l'île depuis toujours / et tu te répètes que ce n'est pas ça / ça ne le sera jamais / ce n'est pas le St-James® ce n'est pas leur restaurant chic / mais la fatigue lamine / et demain il ne restera rien / la souillure d'une jaquette d'hôpital / une junkie à la morgue / des organes dispersés / des citations à comparaître

Le loup Vendredi

Qu'est-ce que tu racontes Vendredi aujourd'hui ? / qu'est-ce que tu lui apprends sur l'île ? / qu'on ne vit pas comme les oiseaux / le poids / les poings durs centrés sur le sexe / la jouissance dans la beauté commerciale / isolé des autres ? / Vendredi de l'île perdue entre la banlieue et la banlieue / tu cries encore que c'est sale l'Amérique qui rampe dans le demi-jour ? / c'est étonnant de vide la tentation Amérique / tranquille d'agonie tranquille / sur son mur à attendre la fin / avec la vibration de tous les chemins / les dessous de pont les fossés d'autoroute / ça ne fait pas longtemps qu'elle est arrivée / mais le malaise / lui / est là depuis toujours

~

Et il fixe l'aiguille / et il se consomme / et il recommence / et le malaise dans la culture se mord la queue

~

La meute vivote pendant ce temps / bottes de cuir et gadoue de neige jaune / éclaboussures de bons sentiments / picots rouges et dents trop blanches / autour des camps concentrationnaires des tours à bureaux barbelées / les vitres reflets / les loups pèlerins se lèvent comme des ombres / gîtent sur l'île la rue / avant l'avis de dispersion / sous le rayonnement bleu des néons / un braillage hoqueté jusqu'au fond du cœur / un autre déchirement / Vendredi des steppes / libre loup dans la diaspora / le ventre creusé par la chute

~

Et tu les observes / de ta place occupée / eux et leurs festivals leurs grandes marques / ceux celles qui se déplacent en calèche en riant

~

Au vingt et unième / l'édifice totémique vacille / dans la ville d'ombres où le loup Vendredi squatte librement / tu te terres dans les canalisations / avec la station de pompage Craig comme repère / sous le toit des découvreurs / à l'orée de l'entrechoquement des postcultures / le phallus radio-canadien veille en jetant ses ondes alentour / n'empêche / au vingt et unième l'air est plus dense /

arsenic
cadmium
cuivre mercure et sélénium /

ils ne font plus la différence / la meute dans la faim du grilled-cheese du BLT / un café brûlant une bière froide / la soif le désir les grognements / et eux / immobiles et payeurs / dans le confort de leur autisme de classe

~

La révolution en culottes courtes / des plans de libération nationale griffonnés sur des cahiers Canada / des sling-shots chargés de copeaux de haine / tu n'y crois plus / et te détournes avec elle vers l'enfoncement

~

Car tu connais à l'avance l'intérieur / les murs le bleu écaillé de la peinture / la couverture de briques / la ceinture des mouvements d'ascension empesés / Petitabeille hors de toi dort plus bas / elle ne fait pas de bruit ouvre ses sens à l'arraché / elle remet la civilisation en question par de nouvelles positions / tu bandes dans l'aiguille / le cœur tribal la nuit en overdose / jusqu'à l'intoxication froide / même toi loup / même toi isolé dans une forêt d'immeubles / tu l'observes mettre à mort ses pulsions / espérer tout de la réalité / prier comme les chiens dans leur tour / Gap® Simon's® American Apparel® / s'interdire de s'interdire écartelée de nudité / chasser toute morale avant de galoper après le bout de la queue / d'un rêve américain

~

Le triomphe de l'anarchie suivra / le bateleur du boulevard Saint-Laurent / le charivari en rangs chargés d'enfants loups / où tu chemines

~

Elle a des ailes tatouées dans le dos / des idées creuses sur le blanc nègre de sa peau / dans les bennes d'hiver sort tout droit / la nuit échaudée par la nuit / tout autour des rats crevés / elle verra les feux / bientôt l'absence de chaleur / tu lui montreras / c'est un murmure qui traverse la fin de l'hiver / c'est le bleu le jouir / c'est ce qui passe à travers la vitre / c'est toute la vie élastique autour du bras qui circule ensuite / Montréal une île une ville / ce n'est pas Paris ni Milan ce n'est pas Barcelone ni Valparaiso / ce n'est pas exactement ce qu'elle imaginait non plus / un mélange de danses à 10 / de bancs de parc et de delicatessens / un jeu d'ombres / entre chien et loup

~

« Isoloir » est un mot polysémique / qui s'oublie / dans la fumée d'une Du Maurier light® / tandis qu'une quille de Laurentide® scintille / près des machines à boules

~

Au fond leur jouir seul compte peut-être vraiment / l'éjaculat entre eux dans tout / la crispation involontaire / sans l'amour sans la domestication / sans fers sans poids sans rien / avec l'hiver motard à bout de bras / accotée dans le fond du char la ruelle / fais ça bien fais ça vite échappé en haletant / en se défonçant l'érogène / la souffrance qu'elle fuyait est immanente / enkystée dans les toilettes du gaz-bar / entre deux clients /

elle mur
elle enceinte
elle meuble /

loin très loin du Golden Square Mile / elle porte-à-porte le pont par la grande baie de la station de pompage Craig / Jacques-Cartier / l'embrasement Amérique / leur téléphone vibrateur dans le cul / sa main entre leurs jambes / sa langue louve les crocs retirés / obligée / dans l'attente punk d'une fin qui ne viendra pas / il n'y a plus de futur

~

Le grand soir / les lendemains qui chantent / la lippe retroussée / elle porte ta poésie drapeau noir maintenant / c'est le continent résistance qu'elle réveille

~

Ils sont des milliers en quotidienne migration / sur le fleuve pétrole océan / Aleksandra s'impose les seins à l'air / menaçants comme des missiles Scuds / fuck your morals / fuck the system / fuck you / you / et qu'est-ce que tu lui enseignes Vendredi aujourd'hui qu'elle ne sache déjà ? / les vitrines pleines / dégoulinantes de bave quand elles ne sont pas cassées / le commerce qui impose la violence esthétique du prêt-à-porter au coin de la rue Sainte ? / bardée de cuir la jupe fendue / elle quémande la pitié des vautours / Petitabeille / les bœufs sont lents / les clients sont pauvres / la bière a un goût de sperme / et Montréal coule toujours en flammes au milieu du Saint-Laurent

~

Les chiens portent en triomphe le nom de leur maître /
Allan
Molson
Macdonald
McGill et McTavish
Redpath Stephen et Ogilvie /
alors que les loups / eux / échappent leur mémoire négrie

~

À la station de pompage Craig c'est la désaffection / des canalisations / des centaines de kilomètres de conduits / le confort d'un shack / le loup

Vendredi et l'histoire ancienne se récupèrent / et tu ne dis rien Vendredi / tu ne dis rien solitaire dans la meute / attaché à ton envie de réalité / et ta queue bande chair / grosse contre ton jeans / l'arpenteur racontait une ancienne rivière sous le béton / entre les immeubles des percées de lumière / du silence de char en osmose / elle a froid la chair de poule / elle a la couenne qui durcit / et tu es maigre mais sans fers / un loup qui regarde les chiens se gaver / qui se répète leur cou pelé / et surveille ses yeux vert-de-gris / conscrits à la liberté

~

Sans la détourner / de la distance des charniers des tranchées / la mesure suffisante ne le sera plus / bientôt les animosités s'élèveront en vérité / et tu te rappelleras la violence de tes choix

~

Car ils disent leur ville leur parc leur boulevard / ils disent la propriété la possession / les émotions Monsanto® en vente libre sur Kijiji® /

ma femme
ma maison
mon sol
mon pays /
ma névrose et ma mort /

ils proclament les limites / ils disent nous comme ils disent je / ils disent nous et toi Vendredi n'y est pas / et elle Petitabeille n'y est pas / ils disent et redisent par-là c'est par là / le mouvement l'aspiration la disparition / t'auras beau pisser sur les murs t'auras beau faire le démarquage du territoire ça ne tiendra pas / la première pluie nettoie tout / après ce sont les gaz les takeovers / après c'est la fièvre l'agitation / s'abandonner se laisser aller / fuir vers l'extérieur

~

Se concentrer sur la sortie sur la beauté sur son grain de beauté / les possibilités / ou la hargne des loups / ne se vendent pas chez Holt Renfrew®

~

La colère du 15 mars persiste et les chiens s'indignent / la guerre au nord a éclaté ou éclatera bientôt / au sud les cyberdauphins de l'armée civilisatrice détectent déjà les bombes sous-marines / transmettent leur position / plus tard demain hier / les pigeons chieront du napalm / les chiens écriront le progrès à coup d'agent orange / l'histoire est déjà en marche / Vendredi de Tournier / le loup des racines et des libertés / de la station Craig / il n'a aucun désir de conquête / pas même sur demain / se rentre le ventre la queue / se lèche les babines en attendant le soleil / et les tatouages lui ceinturent le corps / et il bande encore Petitabeille / il bande encore

~

La lune leur a servi à s'essuyer les pieds et les chiens tentent de hurler / ils ne reconnaissent plus leur voix / castrés et gras / muselés intérieur extérieur

~

Ils existent à peine

~

Et les maîtres loups / eux / courent toujours

ÉPILOGUE

Notre présomption d'innocence

Elle a conservé ses longues bottes rouges et ses tatouages d'oiseau
Le reste de sa vulgarité illumine la pièce
Petitabeille me sourit
Il est trop tôt
Le corps consacré émerge
Il ne reste presque plus d'argent dans la jarre à biscuits
Le squat de Vendredi n'existe plus
Seul subsiste le fardeau de la preuve
Nos antécédents de survivance
Rue Ontario j'entends tomber les passants
Et l'arme qu'on recharge
Est pleine de doutes
Tu crois encore à la liberté ?

Il y a des murs qui forcent l'intérieur
Des barreaux projetés entre les idées
Dans chaque aile des clous de neuf pouces
Pour retenir l'ascension
Au Wal-Mart® de la croix
Petitabeille boit son jus d'orange à la paille
Dans le soleil du boulevard Saint-Laurent
Il y a des murs qui s'effondrent
Des innocences qui se lézardent
C'est le compte des souffrances
À rebours de la peine
Puis la main tombe sur le Zig-Zag®
Et roule les derniers poèmes sauvages

Les blues se suivent
Mais ne se ressemblent pas
Les plaintes sont les mêmes
Mais ne changent plus la détention
Elles mettent le vide en demeure
Creusent l'écart
La fosse
Et Petitabeille hoche la tête
Combien de temps nous reste-t-il ?
Le matin s'émaille de lumière
J'aurais répondu trois jours
Trois mois
Trois vies de chat
La durée d'un loyer
Mais le disque s'est mis à sauter
La réalité a repris ses droits

Elle a des seins comme des phares
Après l'amour quand les corps brument
Sa silhouette se rhabille
Et elle compte
Tu crois qu'elle saura
L'envie de jouir
Sans avoir à faire semblant
Sans crever sous les calmants
Les bouteilles déshydratantes ?
Tu crois qu'elle saura
La douleur la faim la peur
Et la violence sourde
Sans conciliation
Au vide atomisé ?
Je l'aime
Malgré tout
Au-delà de tout

Tu as lu le papier
La Bazooka joke® est tombée à plat
En même temps que notre présomption d'innocence :

a) par la culture domestique des chiens
b) par la soif de vivre Petitabeille
c) par la survivance des loups

Prévenus
Notre perte suée en nous
Au bout d'une lignée de métro
Une corde autour du cou
Nous
Nous espérons encore
Les fragments de liberté autoroute
La cavale Amérique arrachée de nous
Désaliénés
Affranchis

Venez vite camarades car la liberté monte
comme un cri du fond de la gorge

Louis Geoffroy

Poésie
extrait du catalogue des Éditions Triptyque

Albert, Michel. *Souliers neufs sur les terres brûlées*, 2000
Arsenault, Anick. *Femmes de sous mon lit*, 2002
Berrouët-Oriol, Robert. *En haute rumeur des siècles*, 2009
Berrouët-Oriol, R. *Poème du décours*, 2010
Berrouët-Oriol, R. *Découdre le désastre* suivi de *L'île anaphore*, 2013
Bessens, Véronique. *Les coriaces*, 2009
Bienvenue, Yvan. *Tout être*, 2002
Blais, Mathieu. *Sylvestre au temps des galimatias*, 2012
Blais, M. *Notre présomption d'innocence*, 2014
Blo, Maggie. *Clémentine et Mars*, 2002
Boissé, Hélène. *Tout a une fin*, 2005
Bourdon, Valérie. *Stand by*, 2013
Bourque, Olivier. *Le temps malhabile*, 2011
Bourque, O. *Sommeils*, 2014
Brochu, André. *Cahiers d'Icare*, 2009
Bruck, Julie. *La singerie* (trad. William S. Messier), 2013
Campeau, Sylvain. *Les antipsaumes*, 2004
Campeau, S. *Planète, organes*, 2007
Cardinal, Diane. *Murs mouillés d'ombre*, 2002
Catalano, Francis. *Panoptikon*, 2005
Coppens, Patrick. *Je ne suis pas*, 2012
Coppens, P. *Alphabêtes*, 2013
Corbeil, Marie-Claire. *Inlandsis suivi de Comment dire*, 2000
Côté, Michel. *Au commencement la lumière*, 2001
Côté, M. *Le privilège de la rive*, 2004

Côté, M. *Jouer dans l'être*, 2007
Côté, M. *L'intranquille gravité*, 2010
Côté, M. et Céline De Guise. *Depuis, tout a grandi*, 2012
Côté, M. *Le dernier tableau sera rouge*, 2014
Daoust, Jean-Paul. *Cinéma gris*, 2006
Deschênes, Louise. *Porte dérobée*, 2008
Des Rosiers, Joël. *Caïques*, 2007
Des Rosiers, J. *Gaïac*, 2010
DesRuisseaux, Pierre (trad. de). *Co-incidences. Poètes anglophones du Québec*, 2000
Dimanche, Thierry. *Le thé dehors*, 2002
Dupuis, Jean-Philippe. *Table de nuit*, 2004
Dupuis, Léon Guy. *Rebours*, 2002
Dupuis, L. G. *Vous êtes ici*, 2005
Durand, Frédérick. *Sombre d'ailleurs*, 2009
Dussault, Danielle. *Fragments de l'instant*, 2011
Dyens, Ollivier. *Les bêtes*, 2003
Dyens, O. *Là où dorment les crapauds*, 2008
Forget, Carole. *le sol ralentit sous mes pas*, 2013
Gagné, Dominic. *Alejandra, parfois*, 2013
Gagnon, Alain. *L'espace de la musique*, 2005
Gagnon, A. *Les versets du pluriel*, 2008
Gagnon, A. *Chants d'août*, 2011
Gaudreau, Jean-Pierre. *Entre la lumière des saisons*, 2000
Georges, Claude. *Entière mémoire noyée*, 2001
Girard, Cynthia. *Le Soleil et l'Électron*, 2004
Giroux, Robert. *Gymnastique de la voix*, 2001
Giroux, R. *Soleil levant*, 2003
Giroux, R. *L'hiver qui court* suivi de *La banlieue du cœur des villes*, 2006
Giroux, R. *Nouvelle Norvège*, 2009
Giroux, R. *et pourtant*, 2011
Giroux, R. *Debout sur le côté des choses*, 2014

Gousse, Edgard. *Les oiseaux se taisent et me regardent*, 2008
Guénette, Daniel. *Traité de l'Incertain*, 2013
Guilbeault, Daniel. *Le risque du bonheur*, 2002
Hubert, Karine. *Je ne devrais pas voir*, 2005
Labonté, Olivier. *Lointain écho de la petite histoire*, 2009
Labonté, O. *Les aubes en retard*, 2012
LaRochelle, Luc. *Ni le jour ni la nuit*, 2004
LaRochelle, L. *L'évadé*, 2010
Layton, Irving. *Layton, l'essentiel* (trad. Michel Albert), 2001
Leduc-Leblanc, Jérémie. *Mémoire d'ombres*, 2007
Lépine, Hélène. *Les déserts de Mour Avy*, 2000
Létourneau, Michel. *Les rives claires*, 2008
Létourneau, M. *Les marges du désert*, 2010
Létourneau, M. *Détachements et autres cycles d'un royaume*, 2011
Louisseize, Caroline. *Le siège propre*, 2003
Malavoy-Racine, Tristan. *L'œil initial*, 2001
Malavoy-Racine, T. *Les chambres noires*, 2003
Malavoy-Racine, T. *Cassé-bleu*, 2006
Maréchal, Mariève. *La chambre organique*, 2012
Mistral, Christian. Fontes. *Poèmes et chansons*, 2004
Montpetit, Marie-Hélène. *40 singes-rubis*, 2002
Montpetit, M.-H. *Dans le tabou des arbres*, 2007
Morency, Joanne. *Miettes de moi*, 2009
Morency, J. *Le cri des glaciers*, 2010
Morency, J. *Le corps inachevé*, 2012
Morrissey, Stephen. *La bête mystique* (trad. Élizabeth Robert), 2004
Parent, Mario. *Marcher sur les vagues*, 2000
Pavloff, Franck. *Indienne d'exil*, 2001
Poirier, Martin. *Les matins carnivores*, 2002
Robert, Sylvain. *Poudre noire*, 2005

Ross, Diane-Ischa. *Ces yeux mis pour des chaînes*, 2003
Ross, D.-I. *Fors le silence*, 2006
Ross, D.-I. *noir blanc nabis*, 2009
Ross, D.-I. *Disparaître et l'été*, 2012
Smith Gagnon, Maude. *Une tonne d'air*, 2006
Smith Gagnon, M. *Un drap. Une place.*, 2011
Souaid, Carolyn-Marie. *Neiges* (trad. Alain Cuerrier), 2006
Sylvestre, Robert. *L'accès au cœur*, 2001
Sylvestre, R. *Carnet de Miserabilis le Qibis*, 2010
Sylvestre, R. *Te voici nuque exposée*, 2013
Tardif, Maurice. *Autoportraits à la paille creuse*, 2001
Urquhart, Jane. *Les petites fleurs de Madame de Montespan* (trad. Nicole Côté), 2000
Vaillancourt, Marc. *Amant alterna Camenæ*, 2000
Vaillancourt, M. *Les loisirs de Palamède*, 2003
Vaillancourt, M. *La plupart des hommes meurent de chagrin*, 2009
Verret, Aimée. *Ce qui a brûlé*, 2010
Verret, A. *Écharpe*, 2014
Watteyne, Nathalie. *D'ici et d'ailleurs*, 2000

GARANT DES FORÊTS
INTACTES

Tous les livres des Éditions Triptyque sont désormais imprimés sur du papier 100 % recyclé postconsommation (exempt de fibres issues des forêts anciennes) et traité sans chlore.

M

MARQUIS

Québec, Canada